7
LK 1639
A.

RÉPONSE

DE

M. GRIGNY

ARCHITECTE,

A LA BROCHURE DE M. LARDEUR,

SUR LA

CONSTRUCTION D'UNE ÉGLISE

A CAPÉCURE.

ARRAS

TYP. ET LITH. D'ALPHONSE BRISSY, RUE DES CAPUCINS, 22.

1862

RÉPONSE.

Je n'ai point sollicité l'honneur de présenter un plan pour l'église projetée de Capécure; ce plan m'a été demandé et je l'ai fourni. C'est ainsi que, hors les concours publics, j'ai agi pour toutes les églises grandes et petites qui ont été construites sur mes plans; mais je dois ajouter que si la forme et la richesse de quelques-unes m'ont parfois valu des éloges, architecte chrétien j'ai éprouvé autant de satisfaction à rendre possible, pour de pauvres communes, la construction des humbles édifices religieux que, jusque-là, leurs faibles ressources ne leur avaient pas permis d'élever.

Sans être dans ce cas, il m'avait été déclaré par la commission du Conseil Municipal de Boulogne, présidée par M. le Maire, et devant laquelle j'ai eu l'honneur de paraitre, que cette ville ne pouvait consacrer à la construction de l'église de Capécure, une somme de plus de cent vingt à cent trente mille francs, et j'ai combiné mon plan de manière à ne pas dépasser cette somme et à donner à mes nefs une grandeur convenable, sans sacrifier la solidité de l'édifice au désir de construire une église de plus : je prie M. Lardeur d'en être bien convaincu.

Pouvais-je penser qu'en répondant à l'appel d'une administration municipale, un des agents salariés, dépendant de cette administration, soulèverait, en face de son chef, la tempête qui a éclaté contre mon œuvre? Certes, quoiqu'habitué à lutter, et à lutter avec succès, contre le mauvais vouloir et l'envie, je me serais abstenu si j'eusse pu prévoir que dans cette élégante et hospitalière ville de Boulogne, protectrice des arts, centre éclairé de civilisation, il se trouverait des hommes qui porteraient leurs attaques contre un artiste étranger appelé par leur premier magistrat, jusqu'aux personnalités les plus offensantes.

Et là on ne s'est pas arrêté ; on a commis à mon égard un acte que je livre au jugement des Boulonnais eux-mêmes : j'avais confié à M. le Maire de Boulogne, c'est-à-dire déposé à la mairie, pour qu'ils fussent soumis à la Commission et au Conseil Municipal, mes plans et mes devis. *On a,* et ce n'est ni M. le Maire, ni aucun des membres de la Commission, *on a,* dis-je, retiré de la Mairie ces plans et ces devis ; on a calqué les premiers et copié les autres, pour les envoyer et les soumettre, en tout ou en partie, sans en avoir reçu la mission, sans en avoir le droit, à l'examen unique d'un homme qu'on a érigé en juge souverain et qui en a complaisamment accepté le titre pour s'empresser de me condamner, en dernier ressort et par défaut, bien entendu ! Cependant ces objets étaient ma propriété, et on les a jetés, en quelque sorte, sans le moindre scrupule, dans le domaine public ; on les a livrés à qui a voulu en profiter, soit pour le présent, soit pour l'avenir ! Je ne sais jusqu'à quel point le Code correctionnel pourrait donner l'interprétation de cet acte que, je le répète, je livre au jugement des Boulonnais, à l'appréciation des honnêtes gens.

Les hommes qui se préoccupent sérieusement de l'art et de la construction des édifices religieux se demandent où aboutira cette tendance de notre époque à faire des écrivains des architectes, et des architectes des écrivains. Pour moi, cette voie me paraît si périlleuse que je me garderais bien d'y faire un pas, si je n'y étais poussé par le peu de loyauté de mes adversaires. Si j'abandonne un instant le compas pour prendre la plume, c'est moins pour répondre au mémoire de M. Lardeur que pour traiter la grave question de la solidité de mon projet et rassurer les hommes de bonne foi sur les doutes qu'aurait pu faire naître l'avis si légèrement donné par M. Viollet-Leduc.

M. Grigny, dit M. Lardeur, dans son mémoire, *demande la preuve géométrique et mathématique du peu de solidité dont on l'accuse, et fièrement il demande un juge, un adversaire sérieux! Eh bien! Cet adversaire sérieux, il va l'avoir!!!!* Tableau......

M. Viollet-Leduc est introduit!!!

Combien il doit paraître étrange à ceux qui veulent bien y réfléchir, que M. Viollet-Leduc, personnage important, *le premier architecte de l'Europe*, s'empresse de donner si obligeamment à M. Lardeur, qui déclare lui-même *tomber de la lune*, son avis étudié sur un plan d'église que doit bâtir la ville de Boulogne! Que le Maire de cette ville, ou son délégué, qu'un supérieur de communauté qui veut construire un monument religieux, qu'un donataire, qu'un homme enfin qui a une mission officielle soit accueilli avec empressement par M. l'Inspecteur général des monuments diocésains, cela se comprend ; mais M. Lardeur, tombé de la lune! cela doit surprendre, et M. Lardeur trouve le fait si prodigieux, que pour l'annoncer il entre dans de longs et minutieux préliminaires ; ainsi *il s'assied dans le fauteuil aux méditations et se demande d'abord s'il est fou ;* il ne dit pas si c'est avant ou après son voyage dans la lune ; *puis, sans résoudre la question, il songe aux vertiges qui atteignent parfois les cervelles humaines et se livre à un monologue vif et animé, à la suite duquel il prend un parti héroïque :* celui d'écrire à M. Viollet-Leduc !

Le tableau est saisissant et M. Lardeur eût dû le compléter en s'éclairant d'une lampe fumeuse, et en accoudant sur le dossier de ce merveilleux fauteuil (que tout le monde voudra voir maintenant) le génie du mal soufflant à l'oreille de M. le Président de la Société charitable de Saint-Vincent-de-Paul : *Écris à M. Viollet-Leduc une lettre bien candide, je me charge de la lui commenter.*

Vous souvient-il, M. le président Lardeur, de nos vieilles légendes où l'esprit malin se mêle parfois de la construction des églises? Oui : eh bien! grâce à vous, l'église de Capécure aura aussi sa légende, et je vous promets, si je la bâtis, de vous y faire figurer en mettant votre *pourtraiture* dans quelque bas-relief ou à quelques gargouilles.

En attendant, et vous laissant un instant dans la lune, votre demeure de prédilection, souffrez que je revienne à ce juge sérieux qui condamne à simple vue sur vos calques, sans s'inquiéter des motifs qui ont guidé l'auteur du projet, sans sous-détails des devis, sans connaissance ni de la nature des matériaux à employer, ni de leur résistance, e supposant que l'édifice coûterait 308,000 francs, lorsque le prix n'en doit être que de 128,000 !

Est-ce là le jugement sérieux d'une des plus compétentes autorités en fait d'architecture ? Non, n'est pas sérieux celui qui descend du piédestal que lui a élevé sa position administrative, pour se mêler aux petites intrigues de MM. Lardeur et Compagnie, et dès lors son jugement n'est pas sérieux. De plus, il entre volontairement dans l'arène comme architecte; ce n'est plus qu'un architecte que j'ai en face et je puis lui répondre carrément, sans m'écarter des convenances.

J'ai demandé que l'on me prouvât mathématiquement et par calculs que mon église n'était pas solide ; oui, je l'ai demandé avec confiance et *fièrement*, parce que j'étais sûr qu'on ne le pourrait pas. L'a-t-on fait ? On ne l'a même pas tenté. On me répond par des phrases, ou passionnées ou plaquées de mots pompeux ; mais de raisonnements, pas un mot, et de calculs pas un chiffre !

Puisqu'on n'a pas osé aborder les chiffres, je m'en servirai, moi, pour faire justice des phrases.

Je commence par la question de la solidité des voûtes.

La grande nef de mon église aura sept mètres de largeur et sera surmontée d'une voûte en maçonnerie de pierres de Neufchâtel, représentant pour chaque travée une surface de 45 mètres, du poids total de 10,576 kilog., présentant à l'écartement une poussée de 7,051 kilog., ce qui fait, pour chaque côté de la nef et par travée, une résistance *à opposer* de 3,525 kilog.

Voyons maintenant la résistance *opposée :*

1° Le mur latéral de la nef, y compris son pilastre engagé, d'une épaisseur de . . . . . . » m. 80 c.

2° Un arc-boutant en maçonnerie de pierres de Boulogne, d'une longueur de 3 m. 50 cent. et représentant un cube de 2 m. 07 cent. ou un poids de 4,189 kilog. : poids déjà supérieur à celui nécessaire pour équilibrer la poussée des voûtes. 3   50

3° Le mur des collatéraux avec pilastres et son contrefort extérieur d'une épaisseur de 2 mètres de maçonneries massives . . . 2   »

_____

6   30

4° Enfin la chaîne en fer reliant la nef avec la partie de l'arc-boutant et formant ainsi une maçonnerie continue de 6 m. 30 cent. de longueur pour résister à quoi ? à une poussée de 3 m. 50 centimètres ! Est-ce clair ?

Et à l'égard de cette chaîne en fer qui a motivé une comparaison assez triviale pour un critique savant, j'ajoute, quoi qu'il en pense, que j'ai la preuve que cette chaîne est chargée par l'arc-boutant et que la poussée de la voûte elle-même (si poussée il y a, ce que j'examinerai tout-à-l'heure) contribuerait encore au maintien de sa solidité.

Examinant ensuite la coupe transversale, dit M. Lardeur, *M. Viollet-Leduc observe que les arcs-boutants sont placés au-dessous de la poussée de la grande voûte et qu'ils viennent d'ailleurs pousser sur des têtes de contreforts, etc., etc.*

Si M. Viollet-Leduc, *qui ne veut pas que l'on puisse croire qu'il a légèrement examiné cette question importante*, avait remarqué qu'il est facile de tirer une tangente se dirigeant vers le contrefort en passant par l'intrados de la voûte et l'intrados de l'arc-boutant, et que la même opération eût pû se répéter pour l'extrados si des raisons de conservation et d'économie ne m'eussent engagé à placer mes arcs-boutants sous le toit dont ils suivent la pente, à l'effet de leur faire remplir l'usage des formes en charpente dont ils tiennent lieu ; si, dis-je, M. Viollet-Leduc avait fait ces remarques, je doute fort qu'il eût hasardé une critique que je puis réfuter doublement, puisque c'est à dessein que j'ai combiné la légèreté de mes arcs-boutants et leur ai donné une forme aiguë, afin d'obtenir tout le résultat que j'en pouvais tirer, mettant d'ailleurs à profit, en cette circonstance, l'expérience dont la collégiale de Saint-Quentin nous offre un exemple et où les arcs-boutants trop pesants ont poussé les murailles en dedans. Il en a été de même des raisons qui m'ont fait placer ces arcs-boutants à la retombée des voûtes, car il n'est pas un constructeur qui ne sache que dans tous les systèmes de voûtes (celles complètement cylindriques exceptées), c'est en cet endroit que s'exerce la poussée ; vérité que je vais prouver surabondamment en répondant à cette autre assertion de M. Viollet-Leduc :

« *Que ces voûtes poussent beaucoup plus que les voûtes d'arêtes, dites gothiques,* »

assertion bien hasardée, surtout de la part d'un homme qui *ne s'explique guère d'ailleurs la construction de ces voûtes.*

En effet, le système des voûtes que j'emploie n'est pas nouveau, c'est le premier qui ait été connu après le dôme dont la voûte du ciel fut le plus beau modèle.

Je suis loin d'en être l'inventeur, M. Viollet-Leduc en trouvera partout de semblables, et à tous les âges abandon nés dans la période ogivale, nous les voyons renaître dans les églises des xvii⁰ et xviii⁰ siècles.

Leur construction, quoiqu'en plein ceintre, est plus rationnelle que celle de la voûte d'arête, à arc brisé, attendu qu'elles n'ont pas, comme cette dernière, de solution de continuité, et qu'une rupture, quand elle a lieu, s'opère toujours vers le milieu de la distance comprise entre le sommet et la retombée de la voûte.

Chaque voûte, reposant à la fois sur des arcades longitudinales et transversales, auxquelles elle sert d'épaulement, pourrait tenir d'elle-même sans le secours de ses voisines, tellement la poussée s'en repartit uniformément sur les arcades. J'en fournis immédiatement la preuve, en rappelant à tous les habitants de Boulogne qui ont vu construire les voûtes de la cathédrale de M. Haffreingue, que plusieurs de ces voûtes, par suite de suspension de travaux, *sont restées abandonnées à elles-mêmes sans qu'il en soit résulté la moindre lézarde.*

Je pourrais citer encore, comme se trouvant dans la même condition, beaucoup d'édifices et notamment l'église dite des Jésuites, de Saint-Omer, dont la hauteur est prodigieuse, *qui n'a ni arcs-boutants, ni contreforts, et dont pourtant les voûtes sont semblables à celles de mon projet.*

Mais je ne pourrais être du même avis pour la voûte ogivale qui, par sa forme aiguë et presque pyramidale, pousse évidemment à sa base; poussée que vient encore augmenter l'énorme enveloppe des nervures d'arêtes ou diagonales. C'est ici qu'il y aurait inconvénient à placer les arcs-boutants trop haut, et un grand nombre d'églises ogivales en fournissent la démonstration. Quoique l'un des premiers partisans de l'architecture chrétienne, je ne suis pas si exclusivement passionné du style ogival, que je n'en aperçoive aussi les défectuosités et ne sache profiter des leçons de l'expérience.

Il est facile, quand on ne s'appuie sur aucune preuve, de faire de longues critiques en quelques mots. Il n'en est pas de même de la réfutation : c'est ce qui a fait dire à ce bon M. Bazile : *Calomniez! calomniez! il en restera toujours quelque chose!* Comme je crois avoir traité les questions les plus importantes, je passerai plus rapidement sur les autres.

La première critique de M. Viollet-Leduc porte sur l'emploi des matériaux indiqués pour la construction des piliers : *Il désirerait*, dit M. Lardeur, *de la pierre de Tournai ou de la pierre de Boulogne.* M. Viollet suppose-t-il que je vais chercher mes pierres en Chine?

Cependant, si ce bon M. Lardeur s'était donné la peine d'étudier mon devis, qui indique la pierre de Boulogne, il m'eût évité cette critique, mais il n'y regarde pas de si près, et, en fait de critique, il tient plus à la quantité qu'à la qualité.

M. Viollet-Leduc sait aussi bien que moi que mes piliers ont une force plus que suffisante pour porter le poids qui leur est assigné. Leur dimension l'emporte de beaucoup sur ceux de la cathédrale de Saint-Omer, qui ont à supporter *une charge plus que double de celle des miens.*

M. Viollet-Leduc remarque encore, dit M. Lardeur, *que le chœur ne présente pas sur une surface considérable un seul point d'appui épais, lourd et solide, et que tout cela n'est que quillage!*

Ce reproche s'adresse précisément (et c'est ce qui donne une juste idée de l'espèce d'attention apportée par M. Viollet-Leduc à l'examen de mon projet), ce reproche, dis-je, s'adresse précisément à la partie la plus solide de l'édifice ; solidité tellement évidente, qu'il n'est même pas nécessaire d'être constructeur pour l'apprécier ! Les chapelles elles-mêmes, par leur disposition, ne viennent-elles pas appuyer la muraille de l'ambulatoire et tenir avantageusement lieu de contreforts, et ne deviennent-elles pas aussi les appuis inébranlables de l'abside ?

Le clocher, avec son épaisse façade et ses lourds soutiens, n'a pas même été épargné par la critique.

Le dôme seul, partie la plus délicate et la plus difficile d'exécution, paraît avoir trouvé grâce auprès de M. Viollet-Leduc : généreuse indulgence dont je ne puis malheureusement tenir compte à mon savant critique, car je présume qu'on n'a pas voulu rappeler à mon souvenir l'opposition acharnée qui m'a été faite relativement à la grande voûte de l'église Saint-Jacques, à Douai, laquelle suivant de sinistres prédictions était inexécutable et devait s'écrouler avant d'être achevée ! Prédictions qui ont reçu le démenti le plus formel.

Mais pourquoi enregistrer nos observations personnelles contre un adversaire qui donne ses avis selon les circonstances, quand nous pouvons le réfuter avec ses propres écrits ? En effet, ne lisons-nous pas dans les *Annales Archéologiques*, tome IV, page 292, les lignes suivantes, écrites par M. Viollet-Leduc :

« Ce n'est pas par excès de forces inutiles que les monu-
» ments du XIIIe siècle pèchent. On ne saurait trop s'émer-
» veiller qu'en cinquante ans les artistes d'alors aient pû
» acquérir une telle expérience que rien ne leur a échappé,
» et qu'ils n'ont *rien fait de trop* ; qu'avec une sagacité
» dont on ne retrouve d'exemples que chez les Grecs, ils

» aient adopté et rempli franchement les programmes im-
» posés par le clergé : *grands espaces pour la foule et éco-*
» *nomie de matériaux,* économies sans lesquelles ces
» entreprises devenaient insurmontables. Nous savons
» aujourd'hui le cas que l'on fait de cette dernière qualité ;
» nous copions en pierres des édifices antiques qui étaient
» construits en blocages et même en pisé, il est vrai que
» l'État n'en peut mais, et les particuliers paient. L'État ne
» sait pas si un monument qu'il fait bâtir peut être élevé
» avec mille mètres cubes de pierres de plus ou de moins.
» L'État a des écoles d'architecture qui lui coûtent fort
» cher, des pensionnaires à Rome, en Grèce, en Égypte :
» des gens qu'on envoie si loin doivent en savoir long, etc. »

En vérité, ne dirait-on pas que ces lignes n'ont été écrites que pour appuyer mon projet ?

En effet, M. Viollet-Leduc s'y montre partisan des *grands espaces pour la foule et des économies de matériaux,* et mon église contiendrait 2,500 personnes et ne coûterait que 130,000 francs ! — M. Viollet-Leduc *blâme les excès de forces inutiles,* et je me suis étudié à éviter ces excès ! — M. Viollet-Leduc regrette que *l'État paie sans savoir si le monument qu'il fait bâtir peut être élevé avec mille mètres cubes de pierres de plus ou de moins,* et, à plus forte raison, doit-il regretter qu'une commune paie 380,000 francs ce qu'elle peut avoir pour 130,000 ! — Enfin M. Viollet-Leduc frappe de l'aile, en passant, *les écoles d'architecture qui coûtent fort cher à l'État,* et c'est un élève sorti d'une de ces serres chaudes qui veut, quoi qu'il en coûte, faire prévaloir ici ses idées apprises sur celles d'un homme qui suit ses propres inspirations !

Que M. Viollet-Leduc me permette de lui dire maintenant : Vous nous demandez, Monsieur, à nous, petits architectes de province, qui n'avons à notre disposition que le denier du pauvre joint aux faibles ressources des communes, des imitations si fidèles des chefs-d'œuvre des Robert de Luzarches, des Pierre de Montereau, des Philippe de Cormout, montrez-nous donc les voûtes aériennes, les flèches perçant la nue que vous avez bâties à leur imitation, et, vous plaçant à la hauteur, qu'à juste titre vous pouvez atteindre, veuillez mesurer la distance qu'il y a encore de vous à eux. Ces sortes de méditations font bien, elles calment, elles rendent indulgent. Vous dites et écrivez que pas un seul architecte de province n'est capable de bâtir une église : permettez-moi de vous rappeler que votre premier pas dans la carrière du constructeur a été la salle de catéchisme attenante à la cathédrale d'Amiens. Je ne veux pas juger cette œuvre, qui ne date que de quelques années, mais, si j'en crois l'opinion publique, ce premier pas n'a pas été heureux. Vous n'aviez sans doute pas, alors, à vos côtés, la bourse où l'on puise la matière (qui tient trop souvent, hélas! lieu d'inspiration). Cependant on affirme que des églises de campagne, ne coûtant pas la moitié de cette chapelle, pourraient lui être très-avantageusement opposées sous le rapport de l'art, du goût et de la dimension.

Je termine ma réponse aux critiques de M. Viollet-Leduc, par un mot sur le style de mon projet ; que dis-je, *le style!* mais d'après M. Lardeur, M. Viollet-Leduc pense que, *dans tout cela,* il n'y a pas de style, mais des réminiscences de plusieurs âges et de contrées diverses ; que cependant cela ne serait qu'un demi-mal s'il y avait solidité, et qu'en vérité *il trouve M. Lardeur bien bon* de désigner ce prétendu style par Roman.

Je n'ai pas d'objection à ce que M. Viollet-Leduc trouve

M. Lardeur *bien bon*, car sa brochure respire en effet la bonté la plus suave, mais je doute que M. Viollet-Leduc, qui a du monde, se soit servi de l'expression dédaigneuse de *tout cela !* Quoi qu'il en soit, si M. Viollet-Leduc a rencontré sur son passage des édifices de style Roman pur, il me permettra de lui dire qu'ils sont rares et surtout fort anciens, et qu'il en est de même des édifices dits de style ogival. Je n'irai pas loin pour lui en fournir un exemple : qu'il veuille bien visiter l'église Saint-Pierre, non achevée, de Boulogne-sur-mer, il y verra des fenêtres empruntées à l'architecture anglaise du xive siècle, et des colonnes inférieures et celles qui les surmontent empruntées au xiiie siècle français, moins la perfection de la sculpture des chapiteaux de cette époque ; il verra que le porche a des moulures et une forme arabes et que la tour qui le surmonte est d'un style indéchiffrable. Comment M. Viollet-Leduc désignera-t-il le style général de cette église, que ce *bien bon* M. Lardeur qualifie d'ogival ?

Quoi qu'il en dise, mon église projetée serait belle et harmonieuse, son style convient à la nature des matériaux et à leur couleur. Bâtie au sein d'une cité industrielle, elle est sévère ; érigée sous le vocable de Saint-Vincent-de-Paul, elle est d'une noble pauvreté. Le riche y entrerait sans dédain, l'ouvrier avec confiance, car elle est simple comme l'honnête habit qu'il porte. Voilà ma religion en architecture ; et qui donc aurait le droit d'imposer une formule à la prière ?

A cette demande, j'entends répondre : M. Lardeur !... C'est le moment de prier M. le Président de la Société de Saint-Vincent-de-Paul de vouloir bien descendre du lieu élevé où je l'ai laissé et d'où, après s'être adressé la question insidieuse et pleine d'avenir que j'ai rapportée, il a fait le saut périlleux et *héroïque* qu'il nous a dit, sur le dos de M. Viollet-Leduc. Je n'ai pas fini avec lui.

Je conviens qu'il joue quelque peu de malheur à mon endroit ; ainsi il écrit et demande des informations où je construis, et on a la dureté de lui répondre d'une manière infiniment flatteuse pour moi ! Il me déchire charitablement dans un journal, là pour lui je ne suis que *un M. Grigny* aussi tombé de la lune, et un autre journal a l'impertinence de publier de moi la biographie la plus glorieuse, je ne crains pas de le proclamer, parce qu'elle dit d'où je pars et où je suis arrivé ! Il n'est pas jusqu'à M. Viollet-Leduc qui ne trouve que mon église est plus apparente qu'elle ne l'est réellement, et n'en double la valeur estimative portée à mon devis, démentant ainsi l'épithète de *taupière* que lui donne l'*Impartial,* ce journal de M. Lardeur ! J'en offre à M. Lardeur mes doléances sincères, et j'y ajoute que nonobstant son *regret si vif* que l'architecte de la ville n'ait pas reçu seul la mission d'étudier le nouveau plan, ce qui devait naturellement lui procurer plus tard une préférence d'autant plus flatteuse, je persiste à présenter le mien au Conseil Municipal. J'utilise de la manière suivante le supplément de prix proposé par la commission : 1° j'ajoute à l'ornementation, 2° j'exhausse le sol de l'église, 3° je fais une sacristie en plus, et 4° j'emploie le surplus de la somme en pierres de Marquise aux endroits les plus nécessaires. Faire plus serait inutile, faire moins serait traiter avec dédain le droit d'initiative de la nouvelle commission municipale. — Je ne me dissimule pas les désavantages de ma position au point de vue de la prévention existante. Elle s'est, dit-on, manifestée d'une manière si violente que la première commission n'a pas voulu laisser lire son rapport, tant *le parti pris* s'était montré en force avant toute discussion. Que deviendraient cependant l'art et les artistes si un tel système trouvait beaucoup d'imitateurs, si l'émulation était éteinte, l'expérience méprisée et les œuvres déjà exécutées considérées comme lettres mortes? Je n'en persiste pas moins, dis-je, à soutenir mon projet, parce que j'ai la conviction, et une conviction acquise par des faits éclatants, que mon église, d'ailleurs d'une solidité parfaite, présente tous les avantages que le Conseil Municipal bien inspiré doit désirer réunir dans cet édifice et que recommandait jadis M. Viollet-Leduc : *grand espace pour la foule et économie de matériaux*. Je persiste encore, moins dans l'espoir de bâtir l'église, car là où existe la prévention, la balance n'est plus égale, que pour justifier la confiance dont on m'honore d'un autre côté ; dans tous les cas, je me féliciterai, si j'ai pu contribuer à faire éclore un plan convenable par le stimulant de la concurrence, et à hâter le moment où Capécure possédera une église.

Non-seulement je garantis la solidité de la mienne, mais je garantis encore qu'avec les nouvelles additions, elle ne coûtera pas plus de 150,000 francs. Cependant M. Viollet-Leduc, estimant qu'elle couvrira 1,100 mètres superficiels, s'aventure jusqu'à dire que le mètre doit, au moins, coûter en province 280 francs et que la dépense totale de l'église s'élèvera à 308,000 francs.

Rien de plus hardi que cette assertion. Quoi ! c'est au mètre superficiel et d'une manière invariable que M. Viollet-Leduc établit ses calculs ! Ainsi, si une église a 20 mètres de hauteur, elle coûtera, sur une superficie de 1,100 mètres, 308,000 francs ! Si elle a 10 mètres, elle coûtera encore 308,000 francs ! Si elle a des dômes, 308,000 ! Si elle n'en a pas, le même prix ! Si elle n'a qu'une tour, 308,000 francs ! Si elle a un clocher, le même prix !

En vérité, je demande à M. Lardeur lui-même ce qu'il pense de la solidité de ce système.

Il est un genre de prophétie que je signale à son attention : c'est celle qui consiste à prédire que les églises qui ne sont pas construites par des architectes officiels manquent de solidité et doivent nécessairement s'écrouler avant d'être terminées ; prophéties toujours démenties.

Ainsi, j'ai construit à Douai une voûte d'une grandeur exceptionnelle. Grand scandale parmi les savants. Ils condamnent, tout d'abord, ma voûte ; elle ne pourra, disent-ils, s'achever ! Cependant elle s'achève, ne s'ouvre pas et les savants en sont pour leur prédiction.

Les mêmes hommes avaient condamné d'avance l'église de St.-Martin-lès-Boulogne ; elle devait aussi s'écrouler. Une opposition des plus vive est faite à sa construction. Cependant cette église est debout, elle ne bouge pas et nargue les oiseaux de mauvais augure.

Ils avaient également condamné le dôme de la cathédrale de M. Haffreingue. Ils voulaient l'abattre ! Ils allèrent si loin dans cette voie que le vénérable évêque d'Arras, Monseigneur de La Tour-d'Auvergne écrivit à M. Haffreingue, pour *le consoler* de l'écroulement de son dôme ! Et cependant *tout cela*, comme dirait M. Lardeur, reste inébranlable, brille et verse des *torrents de lumières* sur MM. Lardeur et Compagnie.

Ce sont aussi ces hommes qui condamnent mon église !

Je l'assiérai, si je la construis, sur du beton, quoi qu'en pense M. Lardeur qui, n'ayant rien à citer de M. Viollet-Leduc, à ce sujet, ne s'en donne pas moins le charitable plaisir d'y consacrer un peu de cette fine littérature, destinée, dit-il, à *égayer la route ;* M. le Président de la Société de St.-Vincent-de-Paul, éprouvant le besoin de traiter gaiement la question de la construction d'une église comme s'il s'agissait d'un roman de Paul de Kock. Et à ce sujet, je lui demanderai, en passant, si c'est sérieusement ou pour égayer la route qu'il écrit que le béton n'occupe, dans mon plan, qu'une ligne d'un mètre de largeur? Je veux bien croire qu'il n'y a pas vu les nombreux rameaux, équivalant à une surface unique, de cette indestructible matière qui, d'une épaisseur d'un mètre, porterait *jusqu'à la fin du monde*, et beaucoup mieux que les pilotis inutiles, au centre de Capécure, la plus lourde église gothique, et les plaisanteries de M. Lardeur, par-dessus le marché.

Il est un point essentiel sur lequel la Commission du Conseil Municipal ne s'est pas expliquée. Elle a demandé le plan d'une église complète, avec un devis de 150,000 francs seulement, mais de la dimension qui doit être donnée à cette église, elle ne dit rien.

Veut-elle une église pour toute la population actuelle de Capécure et celle qui progressera d'ici à 15 ou 20 ans, ou n'en veut-elle une que pour un millier de privilégiés? Veut-elle une église pouvant assurer pour de longues années le service religieux, où ne veut-elle qu'une chapelle temporaire, décorée du nom d'église? Veut-elle un *grand espace et économie de matériaux*, comme le voulait et le veut encore le clergé, selon M. Viollet-Leduc, ou veut-elle un boudoir gothique et coûteux comme le veut M. Lardeur?

J'aurais pu pour 150,000 francs élever une église ogivale, mais ses dimensions seraient restreintes, elle ne contiendrait que mille personnes au plus, car ce genre d'architecture est le plus cher; les voûtes ogivales seules, d'une église aussi grande que la mienne, coûteraient 8,000 francs de plus! Mais j'ai pensé qu'il fallait au centre de Capécure une église capable de recevoir la moitié de la population, quant à l'utilité ; et que pour le coup d'œil, une petite église ogivale, cathédrale en minature, produirait le plus piteux effet, surtout auprès des vastes constructions du débarcadère, sur une grande place et en face d'une grande caserne.

L'utilité d'une église pouvant contenir 2,000 personnes au moins me paraît incontestable, dans ce quartier, en vue du but qu'on veut atteindre. Avec un seul, et même avec deux ecclésiastiques, il la faut de cette dimension pour leur rendre leur tâche vraiment utile et surtout possible. Voudrait-on qu'un dimanche, par exemple, mille fidèles seulement fussent admis et le reste mis à la porte ? La volonté de l'Empereur est, assure-t-on, d'avoir dans ce quartier une grande caserne ; voudrait-on que lorsque 800 militaires se rendront en corps à l'église, toute la population civile en fût exclue ? Le tout par amour pour le genre ogival et par égard pour le goût favori de M. Lardeur ? Il y a plus : un des plus puissants moyens d'action sur les populations trop longtemps écartées des voies religieuses est de provoquer ces missions retentissantes dont on connaît les heureux résultats, et d'appeler quelques-uns de ces grands prédicateurs qui laissent après eux la foi plus sincère lorsqu'on les a entendus ; il faut donc un grand espace, et une église ne pouvant recevoir que 1,000 personnes serait très-insuffisante.

Il est des personnes pour lesquelles ces considérations n'ont aucune valeur. Elles prétendent qu'on n'éprouve de recueillement et de ferveur que dans le gothique, et qu'on ne prie bien Dieu qu'entre deux ogives. Sacrifiant ainsi le nécessaire à la fantaisie, elles laisseraient sans scrupules la moitié d'une population dans la rue, pour loger l'autre selon les règles du genre qu'elles favorisent. Voilà ce qu'on peut appeler des *idées particulières* que ceux qui veulent sincèrement une église, avec ses résultats, et non le triomphe d'un style, ne doivent point approuver. Je demanderai à M. Lardeur, président de la Société de St.-Vincent-de-Paul, ce qu'il penserait d'un homme qui, ayant de l'argent pour habiller 100 pauvres en bonne toile, préférerait n'en revêtir que 50 en drap, laissant les autres nus ? Serait-ce de la charité bien entendue.

La place de Capécure est très-certainement le centre de cette localité. A distances égales se trouvent, au nord les dunes, au sud la montagne. Jusqu'à ce que ces deux ailes *(si jamais elles doivent recevoir des populations agglomérées, ce que la disposition du sol ne semble pas permettre)* aient besoin, l'une ou l'autre, d'être érigées en paroisse, il se passera probablement plus d'un siècle ; mais admettons que dans 30 ans, il y ait à Capécure 20,000 habitants ; comment seront-ils répartis ? Est-ce que le centre, à cause de sa profondeur et de ses tenants et aboutissants, n'en aura pas les quatre cinquièmes ? Où alors élèverait-on d'autres églises et pour qui ? Est-ce dans les dunes, sur le bord de la Liane, entre la rivière et le chemin de fer, ou sur la côte d'Outreau ? On voit donc que les idées les plus justes en apparence, ne résistent pas à la démonstration matérielle. Selon moi, et à moins que la carte que j'ai sous les yeux soit inexacte, l'église du centre doit pendant des siècles être l'unique ou du moins la prépondérante. M. Mesureur, dans son rapport, a donc émis une opinion erronée et M. Lardeur ne manque cependant pas de la trouver excellente. Il est inutile de dire dans quel but, le bout de l'oreille est trop apparent.

Puisqu'à Boulogne il faut, en fait d'édifices religieux, compter avec M. Lardeur, avant tout, je lui dirai en terminant, que mon plan est fait à l'échelle de 0,01 centimètre seulement ; qu'il n'a point dès lors l'apparence d'un plan serait fait sur l'échelle de 0,02 centimètres par exemple, et qui, pourtant, ne représenterait qu'un édifice moitié plus petit que le mien. Que la commission veuille bien y faire attention.

Et maintenant pour prendre congé de M. le président de la Société de St.-Vincent-de-Paul, qu'il me permette de le prier, quoi qu'il arrive, d'employer l'influence qu'il a acquise dans la question à applanir les obstacles qui s'opposeraient à la construction d'une église à Capécure. Je lui ai déjà dit un mot des légendes attachées aux édifices religieux, je lui rappellerai celle d'une des plus belles cathédrales d'Allemagne, qui n'est pas terminée quoique commencée depuis 8 siècles. Cette légende dit que l'esprit malin s'en mêle, soit en tarissant les ressources du prince, soit en frappant de vertige tous les architectes successifs, soit en leur suscitant des maladies ou des ennemis ! Que M. Lardeur y prenne garde ; tout en déclarant qu'il veut une église à Capécure, il est déjà cause d'un retard qui, à la vérité, peut se réparer ; mais qu'il s'efforce donc d'apporter son puissant concours à l'achèvement de l'œuvre, car la population finirait par lui donner, dans la légende, une place qu'il n'envie sans doute pas, et qu'il ne mérite certainement pas.

GRIGNY.

www.ingramcontent.com/pod-product-compliance
Lightning Source LLC
Chambersburg PA
CBHW060451050426
42451CB00014B/3269